Inhalt

Bürgerarbeit statt Hartz-IV - Neues Personal wo bisher das Geld fehlte?

Kernthesen

Beitrag

Fallbeispiele

Weiterführende Literatur

Impressum

Bürgerarbeit statt Hartz-IV - Neues Personal wo bisher das Geld fehlte?

M. Raymond

Kernthesen

- Mit der Einführung der Bürgerarbeit wollen Regierung und Kommunen Langzeitarbeitslose wieder in den Arbeitsmarkt integrieren.
- Zudem sollen auf diesem Wege im gemeinnützigen Bereich Arbeiten erledigt werden, für die in den hochverschuldeten Gemeinden ansonsten das Geld fehlt.
- Erste Versuchsmodelle laufen bereits. In einigen Regionen konnten die

Arbeitsagenturen einen Rückgang der Arbeitslosigkeit als Folge der Bürgerarbeit verzeichnen.
- Kritiker reden von Schönfärberei. Sie befürchten, reguläre Jobs könnten dadurch verdrängt werden und Arbeitssuchende als nicht vermittelbar auf dem Abstellgleis landen.

Beitrag

Ab 1.1.2011 sollen die ersten Bürgerarbeiter im Einsatz sein

Schon seit Jahren debattieren Politiker über die Schaffung eines dritten Arbeitsmarktes für Langzeitarbeitslose, die als unvermittelbar gelten. Ein-Euro Jobs, ÖBS-Jobs (Öffentlich geförderter Beschäftigungssektor) oder der Kombi-Lohn, sie alle zielen darauf ab, besonders problematische Fälle wieder in das Arbeitsleben zu integrieren.
Nun soll ein neues Modell seinen Weg auf den Arbeitsmarkt finden. Ab dem 1.1.2011 plant die Regierung die offizielle Einführung der Bürgerarbeit. Seit 2006 laufen Modellversuche in strukturschwachen Regionen wie Sachsen-Anhalt

oder dem bayerischen Hof, bei dem Langzeitarbeitslose bis zu 30 Wochenstunden gemeinnützige Arbeit verrichten. Die Betroffenen erhalten einen Arbeitsvertrag und ein Gehalt von bis zu 900 Euro brutto im Monat und müssen, bis auf das Arbeitslosengeld, Sozialversicherungsbeiträge abführen. Das Gehalt für die jeweilige Tätigkeit wird als Pauschale in Abhängigkeit von den Qualifikationsanforderungen der Stelle gewährt. Die Hoffnung liegt darin, den Betroffenen einen Einstieg in ein geregeltes Arbeitsverhältnis zu ermöglichen. Finanziert werden die Ausgaben vom Bund, aus den Kommunen und vom Europäischen Sozialfonds. Im Gegensatz zu anderen Modellen liegt ein Schwerpunkt in der Erfassung und Aktivierung der Arbeitslosen. Über sechs Monate lang werden in dieser Phase die Arbeitslosen beraten, ihre Fähigkeiten ermittelt und ihnen verstärkt Arbeitsangebote auf dem ersten Arbeitsmarkt unterbreitet. Außerdem werden sie für die anstehende Bürgerarbeit qualifiziert. Gleichzeitig sollen auf diese Weise im Non-Profit Bereich Arbeiten erledigt werden, für die insbesondere in den hochverschuldeten Gemeinden bisher das Geld fehlte und die ohne die Bürgerarbeit gar nicht erledigt würden. Damit will man die Verdrängung regulärer Beschäftigung vermeiden. Die Beschäftigungsfelder liegen daher grundsätzlich in Non-Profit Bereichen wie z.B. Kirchen, gemeinnützigen Vereinen oder

Seniorenbetreuung. (1), (2), (4)

Modellversuche weisen Erfolgsquoten auf

Die Modellversuche haben gezeigt, dass die Bürgerarbeit bei der Bekämpfung der Arbeitslosigkeit Erfolg haben könnte.
In Gerbstedt sank die Arbeitslosenquote mit der Einführung der Bürgerarbeit von 23 auf sieben Prozent. In Bad-Schmiedeberg von 15,6 auf sechs Prozent.

Außerdem melden sich in etwa 20 Prozent der Arbeitslosen im Vorfeld in eine reguläre Beschäftigung vom Hartz-IV-System ab. Sachsen-Anhalts Arbeitsminister Rainer Haseloff (CDU) sieht darin einen Beitrag zur Bekämpfung der Schwarzarbeit.
Laut einer Ermittlung des Zentrums für Sozialforschung in Halle könne mit dem eingesparten Geld, den Mitteln für die Eingliederung, der Arbeitslosenhilfe und Hartz-IV die Bürgerarbeit komplett finanziert werden.

Zu guter Letzt scheint die Bürgerarbeit aber noch einen anderen Nebeneffekt zu haben. So habe sie die Atmosphäre im 4 500 Einwohner starken Bad

Schmiedeberg verändert. Laut Bürgermeister Stefan Dammhayn (CDU) seien Neid und Missgunst bei den Einwohnern zurückgegangen. Das Projekt habe einen unmessbaren Wert für die Stadt. (5), (11)

Kritiker warnen vor negativen Auswirkungen

Nicht ganz so rosig sehen Kritiker die Einführung der Bürgerarbeit und warnen vor negativen Auswirkungen. So seien die Zahlen der Arbeitslosenstatistik Schönfärberei: In der Erwerbslosenstatistik werden die Bürgerarbeiter nämlich nicht mitgezählt, obwohl nur jeder Zehnte den Sprung in ein geregeltes Arbeitsverhältnis schafft. Der Rückgang der Arbeitslosigkeit ist also nur kurzfristig für die Dauer der Bürgerarbeit zu verzeichnen. (2), (3)

Arbeitsmarktforscher sehen außerdem die Gefahr, dass die Bürgerarbeit insbesondere im Non-Profit Bereich reguläre Arbeitsplätze vernichten könnte. Denn die Versuchung für Arbeitgeber erscheint nicht zuletzt aufgrund der geplanten längeren Laufzeit groß, die eigenen Personalkosten mit Hilfe von Bürgerarbeit zu drücken. Darüber hinaus stehen derartige Zusatzjobs nicht unbegrenzt zur Verfügung und das investierte Geld fehlt an anderer Stelle. Ein

weiterer Nachteil ist auch der hohe Personalaufwand, der für die Projekte betrieben werden muss. Dieser rechtfertigt sich nur, wenn die Arbeitslosenquote in entsprechender Höhe und nachhaltig reduziert werden kann. Zudem werden auf diese Weise zahlreiche Langzeitarbeitslose als unvermittelbar abgestempelt.
Und es stellt sich natürlich auch die Frage, ob man wirklich mit der wiedergewonnenen Würde der Menschen durch Eingliederung ins Arbeitsleben argumentieren kann, wenn man es faktisch mit verpflichtenden Arbeitsangeboten zu tun hat. (3), (9)

Trends

Entsprechend dem Koalitionsvertrag der Schwarz-Gelben Regierung, sollen künftig die Voraussetzungen für neue Integrationsmodelle wie die Bürgerarbeit geschaffen werden. Bereits ab dem 1.1.2011 sollen die ersten Langzeitarbeitslosen als Bürgerarbeiter in Einsatz kommen. (1)

Fallbeispiele

In Bad Schmiedeberg haben mit der Bürgerarbeit 14 von 106 Bürgerarbeitern eine feste Anstellung gefunden. Das Modell wurde in vier Stufen angelegt:

Zunächst wurde intensiv versucht, die Arbeitslosen in den ersten Arbeitsmarkt zu vermitteln. 20 Prozent haben sich selbst in eine reguläre Beschäftigung abgemeldet. Diejenigen, die nicht vermittelt werden konnten, sind Bürgerarbeiter geworden. Mit der Bürgerarbeit werden Altenpflege- und Kureinrichtungen, der Seniorenverband, die Kirche und der Staat unterstützt. Von Anfang an wurde hier darauf geachtet, dass keine regulären Arbeitsplätze hierdurch gefährdet wurden. (6), (7)

Auch Schwerin beteiligt sich am Bürgerarbeiter-Modellprojekt. Damit soll das Modell den Ende 2009 ausgelaufenen Kommunal-Kombi ersetzen. (8)
Eine Stadt räumt auf: Rund ein Jahr lang hat sich die Behörde in Hof intensivst um seine Arbeitslosen gekümmert und die Arbeitslosenquote von 16,1 auf 7,1 Prozent gedrückt. Zuerst wurden alle Arbeitslosen per Post zum Gespräch aufgefordert, um eine Bestandsaufnahme zu machen. Der Fokus lag diesmal darin zu ermitteln, mit welchen Qualifizierungsmaßnahmen ein Arbeitsloser womöglich wieder schnell zu vermitteln wäre. In dieser Phase entsagten bereits bis zu fünf Prozent der Arbeitslosigkeit und fielen aus der Statistik, ebenso wie jene, die nie zum Gespräch erschienen. Die Behörde kürzte oder strich entsprechend das Geld. Arbeitslose mit mangelnden Sprachkenntnissen wurden zum Deutschkurs geschickt, Ältere an den

Verein 50plus verwiesen und Alleinerziehenden wurden Tagesmütter vermittelt. Im Zeitraum von September 2008 bis Juli 2009 wurden von den Jobvermittlern 16 000 Beratungsgespräche geführt. 1 800 Arbeitslose wurden in Jobs vermittelt, zahlreiche bilden sich weiter, 43 leisten Bürgerarbeit. (10)
Wie das Bürgerprojekt in Bad Schmiedeberg das Leben einiger Menschen veränderte, berichtete Stefan Locke in der FAZ vom 06.06.2010. (11)

Weiterführende Literatur

(1) 900 Euro für 30 Stunden gemeinnützige Arbeit
aus Frankfurter Allgemeine Zeitung, 01.06.2010, Nr. 124, S. 13

(2) Was tun für die Stütze LANGZEITARBEITSLOSE
In Berlin verrichten Langzeitarbeitslose gemeinnützige Jobs - ein Modell?
aus taz, 09.03.2010, S. 03

(3) Billige Besenmänner
aus Süddeutsche Zeitung, 29.05.2010, Ausgabe München, S. 1

(4) Bürgerarbeit macht Schule / BESCHÄFTIGUNG
Das in Sachsen-Anhalt entwickelte Modellprojekt kann jetzt bundesweit genutzt werden. Für die kommenden drei Jahre stehen Mittel bereit.
aus Mitteldeutsche Zeitung vom 07.05.2010

(5) Gemein oder nützlich?
aus Focus, 15.03.2010; Ausgabe: 11; Seite: 27-27

(6) Wunder dauern länger / MODELLPROJEKT Bad Schmiedeberg hat mit Bürgerarbeit die Arbeitslosigkeit drastisch gesenkt. Viele Beschäftigte sind zufrieden - einige aber auch enttäuscht.
aus Mitteldeutsche Zeitung vom 19.12.2009

(7) Bürgerarbeit unter Laborbedingungen / Modellprojekt in Bad Schmiedeberg geht weiter, die Zahl der Beschäftigten sinkt.
aus Mitteldeutsche Zeitung vom 08.12.2009

(8) Stadt bewirbt sich um Modellprojekt "Bürgerarbeit"
aus Schweriner Volkszeitung vom 02.06.2010, S. 15

(9) Arbeit am Bürger Überall ist vom Sparen die Rede - nur Ursula von der Leyen möchte mehr Geld ausgeben. Sie plant ein neues Projekt für schwer vermittelbare Arbeitslose
aus Financial Times Deutschland vom 01.06.2010, Seite 9

(10) Die Bürgerarbeiter
aus Süddeutsche Zeitung, 15.12.2009, Ausgabe Bayern, München, S. 34

(11) Das Jobwunder von Bad Schmiedeberg
aus Frankfurter Allgemeine Sonntagszeitung, 06.06.2010, Nr. 22, S. 56

Impressum

Bürgerarbeit statt Hartz-IV - Neues Personal wo bisher das Geld fehlte?

Bibliografische Information der deutschen Nationalbibliothek

Die Deutsche Nationalbibliothek verzeichnet diese Publikation in der deutschen Nationalbibliografie; detaillierte bibliografische Daten sind im Internet über http://dnb.d-nb.de abrufbar.

ISBN: 978-3-7379-0952-5

© 2015 GBI-Genios Deutsche Wirtschaftsdatenbank GmbH, Freischützstraße 96, 81927 München, www.genios.de

Alle Rechte vorbehalten. Dieses Werk ist einschließlich aller seiner Teile – z.B. Texte, Tabellen und Grafiken - urheberrechtlich geschützt. Jede Verwertung außerhalb der Grenzen des Urheberrechtsgesetzes bedarf der vorherigen Zustimmung des Verlags. Dies gilt insbesondere auch für auszugsweise Nachdrucke, fotomechanische

Vervielfältigungen (Fotokopie/Mikroskopie), Übersetzungen, Auswertungen durch Datenbanken oder ähnliche Einrichtungen und die Einspeicherung und Verarbeitung in elektronischen Systemen.